AUBIN IBALA BISSELO

Ethnicité, déplacement forcé et identité du noir en Colombie

AUBIN IBALA BISSELO

Ethnicité, déplacement forcé et identité du noir en Colombie

Éditions Muse

Imprint

Cover image: www.ingimage.com

Publisher:
Éditions Muse
is a trademark of
International Book Market Service Ltd., member of OmniScriptum Publishing Group
17 Meldrum Street, Beau Bassin 71504, Mauritius
Printed at: see last page
ISBN: 978-620-2-29898-8

Je dédie ce livre à ma mère **MOGHOLA Léontine**

Ce livre pour marquer le début de mes études à l'Université Lumière Lyon 2(France). Ainsi je saisis cette opportunité pour dire merci à toutes les personnes qui ont facilité mon départ du Gabon pour la France. Je cite ici :

Mon père **MADOUNGOU BOUDIANGA Jean Pierre** ;

Ma mère **BOUSSOYE Denise ;**

Mon oncle **MOUSSELIKI Martial** (Fiche) ;

Ma chérie **OKOME NDONG Ornella** ;

mes petits **Edmond MBEMBO et Brian MADOUNGOU**;

Mes petites Claude **MADOUNGOU(MIKAYA) et Cecilia MOUNANGA** (décka);

Mes amis **IBOUANGA MOUSSAVOU Djesky, Hans Macaire et ASSOUMOU NGOUA et Prudence MOUTSINGA;**

Mon frère **Justin NDZOHOU MANGADI**

-

Introduction

La loi 70 de la Constitution de 1991 est considérée comme la solution par excellence aux multiples problèmes relatifs aux communautés ethniques noires en Colombie. Ladite Constitution fait de la Colombie un État pluriethnique, dont la communauté noire est partie intégrante. Ainsi, dans son article 10, il est dit que: "*el castellano es el idioma oficial de Colombia. Las lenguas y dialectos de los grupos étnicos son también oficiales en sus territorios. La enseñanza que se imparta en las comunidades con tradiciones lingüísticas propias será bilingüe*". Autrement dit, l'État colombien a l'obligation de respecter la diversité ethnique de tous les groupes. Par cet article, nous pouvons donc en déduire que l'objet de la Constitution de 1991 est de mettre en pratique une politique multiculturelle en Colombie, en général, mais surtout vis-à-vis des minorités ethniques indigènes et afro-colombiennes en particulier. La mise en place d'une politique multiculture sous-entend la nécessité de reconnaissance et de respect de la diversité ethnique et culturelle. En ce qui concerne, les Noirs[1], qui, avant la Constitution de 1991 étaient juridiquement *invisibilizados*, ce respect Passe nécessairement par la mise en exergue de l'article 55 de ladite Constitution qui indique:

---

[1] Dans ce travail, nous utilisons les appellations ''Noir'', ''Afro-colombien'' et ''Afrodescendant'' comme dessynonymes, bien que chacune d'elles fasse l'objet de débats à l'intérieur du champ des études afro-colombiennes. Nous voulons simplement souligner la présence d'un groupe ethnique dont les origines remontent à l'Afrique et qui arriva en Colombie en qualité d'esclave

synonymes, bien que chacune d'elles fasse l'objet de débats à l'intérieur du champ des études afro-colombiennes. Nous voulons simplement souligner la présence d'un groupe ethnique dont les origines remontent

à l'Afrique et qui arriva en Colombie en qualité d'esclave

> Dentro de los dos años siguientes a la entrada en vigencia de la presente Constitución, el Congreso expedirá, previo estudio por parte de una comisión especial que el Gobierno creará para tal efecto, una ley que les reconozca a las comunidades negras que han venido ocupando tierras baldías en las zonas rurales ribereñas de los ríos de la Cuenca del Pacífico, de acuerdo con sus prácticas tradicionales de producción, el derecho a la propiedad colectiva sobre las áreas que habrá de demarcar la misma ley.

Cet article accorde aux communautés noires de la Colombie la souveraineté et la reconnaissance légale de propriété de *las baldías*[2] . Les Noirs sont donc propriétaires de près de 5 milliards d'hectares de terres précisément situées dans le Pacifique colombien (Oslender, 2004 :37). Nous pouvons donc conclure que cet article avait la prétention de garantir la

[2] Terre des ancêtres

durabilité de l'exploitation des ressources, la conservation de la biodiversité de la région du pacifique colombien et surtout la protection de la culture et l'identité des groupes ethniques noirs de la région. Mais fort est de constater qu'aujourd'hui, cette politique qui prétend respecter la culture et l'identité des communautés noires colombiennes à partir de législations de terres est presque inefficace et subvertie.

En Colombie, entre 1980 et 1990, on observe une déterritorialisation des communautés afrocolombiennes qui résulte d'une géographie de pouvoir changeant *''...caracterizada por la desigualdad, la fragmentación, la tensión y el conflicto''* (Montañez & Delgado, 1998 :125). Cette géographie de pouvoir changeant dont il s'agit ici fait allusion à un conflit armé qui est l'une des principales causes des déplacements forcés internes de la population en Colombie.

En effet, le phénomène du déplacement forcé a un caractère mondial, puisque près de 52 pays en sont victimes, dont la Colombie qui occupe avec plus de 4 millions de personnes déplacées *"le deuxième rang derrière le Soudan"*(Castillo, 2004). Le phénomène du déplacement dit « forcé » se définit par opposition à *"un choix migratoire de type volontaire; et contrairement aux réfugiés, les populations déplacées ne franchissent pas les frontières internationalement reconnues de leur pays.*'' La Colombie est un pays déchiré par un conflit interne qui perdure depuis plus de 50 ans et au sein duquel le déplacement forcé est un phénomène historique et géographiquement omniprésent[3].Le déplacement forcé en Colombie affecte tout le territoire et frappe le plus souvent les couches les plus défavorisées de la société,

---

[3] Le phénomène de la guerre en Colombie ou des violences est un phénomène qui caractérise presque toute sa période Contemporaine. Dans ce même ordre d'idées Pécaut (2008) nous informe mieux sur la genèse du conflit armé en disant qu'il découle d'une instabilité politique caractérisée par des conflits régionaux entre les principaux partis politiques que sont : le Parti Liberal et le Parti Conservateur. *La Guerra de los Mil Días* est l'une des conséquences de ce conflit.

particulièrement les populations rurales. C'est dans cette perspective qu'une étude réalisée par la *Consultoría para los Derechos Humanos y el Desplazamiento* (CODHES) nous informe qu'en 2001, près de 38 % de personnes déplacées étaient issues des minorités ethniques. Dans les minorités ethniques dont il s'agit, la communauté ethnique noire qui a été longuement soumise à l'esclavage tout au long de son histoire en fait partie. Aujourd'hui, on assiste à de nouvelles formes de manipulation et d'esclavage, dont les déplacements forcés, les travaux forcés et l'exploitation des êtres humains. De toutes ces formes, le phénomène des déplacements forcés qui constitue le concept clé de notre travail, entraine l'appauvrissement de *las baldías* des communautés afrocolombiennes, ce qui pourrait engendrer une modification et des retransformations de leur identité culturelle.

Tout compte fait, le déplacement forcé des Noirs de *las baldías* constitue un sujet très délicat, ce, à cause du caractère hybride de la culture colombienne, dérivé de son métissage.

En effet, la problématique de l'identité afrocolombienne semble attirer l'attention de nombreux chercheurs dans certains domaines comme, la sociologie, l'anthropologie, la politique, et d'autres domaines où les succès des Noirs de la Colombie sont fortement appropriés pour renforcer le sentiment d'appartenance de la population .C'est dans ce sens que s'inscrit l'objet de notre travail.

En ce qui concerne le cadre temporel, ce travail s'inscrit dans une période spécifique de l'histoire de considération du Noir comme sujet dans la société colombienne : de 1991 à nos jours. En 1991 la Colombie devient un Etat multiculturel dans lequel les communautés noires sont parties intégrantes. Cette Constitution rend donc possible la configuration d'un nouveau sujet sociopolitique. Cette législation est rendue effective par *l'article transitoire 55 et la Loi 70 de 1993* qui donne ''*aux communautés noires qui ont occupé les terres de la Nation dans les zones rurales et riveraines du bassin pacifique, conformément à leurs pratiques traditionnelles de production, le droit à la propriété collective sur les aires que la loi devra désigner.*''

L'objet de la loi 70 est donc de ''*de constituer par l'attribution de droits territoriaux aux populations rurales résidentes dans la région de la côte pacifique, liée à certains critères sur la protection des ressources naturelles, l'environnement et la gestion des ressources minières*'' (AGUDELO, 1999) des droits de propriété de territoires. Cette loi fait donc de la Côte Pacifique de la Colombie une zone de forte concentration de communautés ethniques noires, raison pour laquelle nous avons choisi ce cadre géographique pour notre travail. Nos propos ici montreront comment les études sur les déplacements forcés aident les communautés ethniques noires de la zone du Pacifique dans leurs luttes pour l'égalité de droits. Par la revendication des droits ethniques et territoriaux desdits peuples, nous, nous inscrivons dans une perspective de mise en pratique des avancées considérables autour des politiques d'altérité et d'identité de la population afro de la Colombie. Ce travail vise à mettre en place un programme d'innovation multidisciplinaire qui propose de nouvelles solutions à la problématique d'exclusion, de domination, de subalternisation, d'invisibilisation dénoncée par Nina S. de Friedman et de violation des communautés afrocolombiennes. Et ce, tout en rejetant l'idée selon laquelle une population « défavorisée » soit considérée comme un « objet de charité » (Escobar, 2010). Susciter l'esprit revendicatif du respect des droits de l'homme, articuler autour de l'auto reconnaissance identitaire chez les Noir(e)s de la Colombie, pays en mutation et qui fait partie d'un continent secoué par des conflits ethniques et structuré autour de groupes en tension est l'ultime objectif de notre sujet de recherche.

Plusieurs travaux ont été réalisés atour des concepts déplacements forcés, identités et territorialités. Ils ont été abordés à partir de champs théoriques et catégories méthodologiques divers. Tout d'abord, les débats autour du déplacement forcé des communautés afro de la Colombie suggèrent des réflexions approfondies sur les conséquences du conflit armé qui paralyse le pays en cette période contemporaine de manière générale et en particulier dans les zones de forte concentration des populations afro qui en sont les principales victimes. C'est dans cette perspective que Jaramillo, (2005) nous indique que le phénomène du déplacement forcé en Colombie date de la première moitié du XXème siècle et que cela est une *"expresión en ese entonces de la violencia bipartidista en el país."* De son coté, Walsh (2004) vient enrichir cette assertion en signalant que:

> Como en cualquiera de los rincones del país, en la región del Pacífico la *generalización de la confrontación armada, el posicionamiento del narcotráfico, la intromisión de los intereses del modelo de desarrollo capitalista y la existencia de unas instituciones estatales ampliamente deslegitimadas, han tenido efectos des estructurantes en los tejidos sociales y agendas de las poblaciones locales (*357).

Les chercheurs ici nous donnent des explications complémentaires du déplacement forcé chez les peuples afro de la Colombie. Si pour le premier le déplacement interne des colombiens est causé par l'instabilité politique du pays, pour le deuxième, la violence qui résulte de ladite instabilité est présente dans tous les coins du pays, donc les zones de fortes concentrations de populations noires (*las baldías*) ne sont pas épargnées.

Les travaux réalisés par Oslender (2004), Escobar (2004), qui font du Pacifique colombien le cadre géographique de leurs recherches abordent des préoccupations en rapport avec la situation des Noirs dans le déplacement forcé qui sont encore moins développées jusqu'à nos jours.

Pour Escobar, le phénomène du déplacé forcé des populations noires de la zone du pacifique colombien est un acte constitutif de la modernité et du développement. Pour lui, le déplacé forcé est fortement lié au conflit armé colombien, c'est dans cette perspective moins qu'il est considéré comme partie intégrante des projets de la modernité et du développement dont la conquête incessante de peuples, de terres, ainsi que leur transformation culturelle et écologique est la fin principale dans une espèce « d'occidental centrisme ».

Dans cette perspective, le déplacement forcé est donc perçu comme une nouvelle forme d'esclavage des communautés noires de la modernité capitaliste (c'est ce qu'Anibal Quijano appelle « *la colonialité du pouvoir* ». Cette approche théorique nous laisse donc comprendre que les noirs de la Colombie sont invités à prendre le train du développement moderne en acceptant de prendre les perspectives évolutives modernes tout en abandonnant les traits culturels de las *baldías*. De manière claire et brève, Escobar soutient la thèse selon laquelle le phénomène des déplacements forcés dans le Pacifique colombien ne peut s'expliquer que par une réflexion critique de la modernité et du développement.

La perspective *'geografías del terror'* proposée par Oslender nous offre une nouvelle théorie qui nous invite à comprendre le déplacement forcé comme un processus de déterritorialisation dont sont victimes les populations du Pacifique colombien ainsi que l'impact de l'imposition du stress, de la peur et la terreur dans la région. Dans ce sens, le déplacement forcé rend encore plus précaire la situation des Noirs de la Colombie qui sont considérés comme les plus vulnérables. En dépit du caractère hybride de la société contemporaine colombienne, les déplacements forcés affectent gravement les minorités ethno-raciales. Dans cette perspective, le déplacé forcé est une pratique de subversion de la loi 70 de la constitution de 1991 en ce sens que la terreur qui en résulte '*a por finalidad desbaratar los proyectos de las comunidades, quebrantar su resistencia y, probablemente, lograr incluso su exterminio".*(Escobar, 2004). Le déplacement forcé est donc vu ici comme un processus de négation des communautés noires colombiennes. C'est cette thèse qui a attiré notre attention car elle nous invite à comprendre le phénomène des déplacements forcés comme un processus de fracture des pratiques culturelles afrocolombiennes.

L'importance de comprendre l'impact des déplacements forcés dans la transformation et modification de l'identité du Noir en Colombie pendant la période contemporaine pour construire ce pays est le défi qui oriente notre démarche. Plus spécifiquement, notre sujet répond aux questions suivantes:

Quel lien peut-on établir entre la considération des descendants des esclaves africains comme communautés ethnique et leur vulnérabilité dans le phénomène des déplacements forcés en Colombie ?

En parlant des communautés noires de la Colombie, quelles relations peut-on établir entre ethnicité et déplacements forcés ?

Quel est l'impact des déplacements forcés sur l'identité des communautés noires de la Colombie ?

Les déplacements forcés ne sont-ils pas une nouvelle forme d'altérité et une perspective de socialisation des descendants des esclaves noirs ?

À cet égard, nous proposons qu'en redonnant la voix et en dénonçant les déplacements forcés comme un moyen de subalternisation et d'invisibilisation de l'identité contemporaine des communautés afrocolombiennes, ces « citoyens » deviendront alors capables d'aspirer à un avenir meilleur et à un futur prospère pour leur communauté tout en luttant pour la défense de leur localité, de leur territoire et donc leur culture.

Notre méthodologie est basée sur l'application de trois approches complémentaires :

L'approche *ethno-raciale* :

La Constitution de 1993, qui repose sur l'article transitoire de la Constitution colombienne de 1991, met en exergue la valeur des communautés noires par la reconnaissance légale non seulement de leur culture ethnico-raciale mais également de leur souveraineté sur les territoires ruraux du pacifique colombien. Ces terres sont malheureusement convoitées par certains acteurs armés qui utilisent la violence pour s'en accaparer et chasser les officiels propriétaires. Dans ce sens, '' *l'acceptation ethnico-raciale du territoire perd tout son poids face à la dimension géopolitique''* (Hoffman, 2002 cité par Mosquera, 2007). L'approche ethno-raciale se penche sur l'analyse des déplacements forcés dont sont victimes les Noirs de la Colombie comme une pure manifestation de la discrimination ethnique.

La discrimination dans cette perspective nous emmène à étudier '' l'ethnicité en acte'' : ici, il est question de la mise en pratique d'un traitement à la fois inégal d'un groupe ''*en fonction de traits (réels ou imaginaires) socialement construits comme différences négatives par rapport à un acteur dominant* '' (Poire & Vourc'h, 1998, p. 16) . Et ce, dans des zones bien précises : cas des zones de fortes concentrations de population afrocolombienne.

L'approche théorique de la « *colonialité du pouvoir* » :

La colonialité du pouvoir est une approche théorique qui résulte de la réflexion du sociologue Anibal Quijano. Il utilise cette approche pour analyser la notion de colonialité et de distribution d'identités raciales comme fondement du pouvoir moderne en Amérique Latine.

L'idée de la race vient avec la découverte de l'Amérique pour hiérarchiser la société et dans une perspective de domination et d'eurocentrisme. Pour Anibal Quijano, cette construction est d'actualité. Autrement dit, la colonialité est une dimension omniprésente de la modernité. Cette approche nous emmène donc à remarquer que les Noirs, après avoir été déplacés de l'Afrique pour servir de main d'œuvre dans les plantations aux profits du capitalisme, ont tenté de reconstruire leur culture et acquis un sentiment d'appartenance, mais le pis est qu'ils sont présentement victimes des déplacements qui les rappellent les douleurs, les souffrances et les séparations comme ce fut pendant la période esclavagiste. Cela nous invite à considérer les déplacements forcés comme une nouvelle forme d'esclavage issue de la postmodernité.

L'approche de la *colonialité du pouvoir* se penche sur une analyse du phénomène des déplacements sous contraintes à l'époque contemporaine en le situant dans son cadre historico-social et politique.

1-De l'invisibilité à l'ethnicité : approche critique de l'abolition de l'esclavage en Colombie

Juan José Nieto Gil, premier et unique président Noir de l'histoire de la Colombie, est reconnu comme le véritable ''Libertador'' des populations noires de son pays. Ce dernier a consacré toute sa vie en luttant pour l'établissement du fédéralisme en Colombie tout au long du XIXème. Pour lui, il fallait mettre en place un système politique basé sur l'égalité, la liberté, la fraternité et le respect de toutes les couches sociales. C'est dans cette perspective qu'il organisa une cérémonie solennelle, la quelle eue lieu le premier janvier 1852 a *la Plaza del Matadero*. Ce, jour à la Plaza de Matadero il s'agissait de mener à bien un acte de libération de tous les descendants des esclaves Noirs nés avant 1851.

Pour ce faire, Nieto Gil fit un éloquent discours dans lequel il signala que: *Desde hoy se acabaron los esclavos en la Nueva Granada; y es por eso que os saludo en este día el más solemne, el más bello que ha tenido la República, porque es el día complementario de nuestra regeneración política; el día en que ha desaparecido la negra condena de la servidumbre".*

Par ces mots, Juan José Nieto Gil en tant que Gouverneur de la Province de Carthagène, donc homme politique et décideur de l'époque vint mettre fin à un long processus de chosification et d'exploitation des descendants des Noirs connu sous le terme esclavage dans la Nouvelle Grenade, désormais République de la Colombie. Nieto Gil casse donc tous les cadenas qui mettaient le Noir dans une situation d'animalité domestique et de machine de production massive dans les plantations de canne à sucre au profit du colonisateur Blanc. Le discours de Nieto Gil ne se limite pas à informer sur la liberté des Noirs, plus loin, malgré la grandeur et la force émancipatrice des mots indiqués par-dessus, il invita ces populations au strict respect de lois :

Ayer fuisteis siervos y que hoy os incorporáis como nuevos miembros de la comunidad granadina (...) sabed, pues que si el esclavo está sometido a la humillación violenta de obedecer a la voluntad de uno solo hombre (...) el hombre libre tiene el forzoso deber de acatar y obedecer las leyes de la República, de cuyo cumplimiento se hace responsable ante Dios y ante la sociedad. No creáis que al emanciparos es para vivir en la amplitud y el desenfreno de los salvajes, ni para sustraeros a las obligaciones a que están constituidos los que viven asociados en una misma comunidad (Rentería:2016 :92).

Selon les dires de Nieto Gil que nous venons de mentionner, l'abolition de l'esclavage a constitué un moyen d'intégration des populations noires dans la société colombienne du XIXème siècle. Si avec cette législation, le Noir fait partie de la société colombienne, cela le contraint donc au strict respect des devoirs tel qu'établie par la Constitution. Ainsi, il a le devoir de "*defender la independencia y la libertad de la República hasta con el sacrificio de la vida si éste fuera necesario; vosotros más que ninguno, habéis recibido el más supremo bien que un hombre puede esperar de su patria*" (Rentería:2016 :93). Le Noir est donc en quelque sorte un acteur de sa propre lutte contre les multiples maux dont il a été victime tout au long de son "histoire". Nieto nous dit qu'une telle lutte ne peut être possible que par le respect des lois qui régissent la société colombienne de l'époque. La liberté ici est donc le point de départ d'une lutte pour son respect et sa reconnaissance en tant qu'humain. Le Noir qui a reçu *el más supremo bien que un hombre puede esperar de su patria* doit donc chercher à s'affirmer en tant qu'acteur social et politique. Si pour Juan José Nieto Gil, le Noir a bénéficié du bien le plus suprême de toute son histoire, cela n'est qu'un véritable mythe car la réalité s'avère très alarmante.

Les législations sur lesquelles se basent ce discours officiel sont subverties et empirent de plus en plus sa situation, laquelle se caractérise par un processus ''d'invisibilisation'' dans lequel s'affirment des spécificités et se reconnaissent des stratégies particulières, comme celle du "blanchiment" qui cherche à rompre l'exclusion par l'assimilation à la société globale. Si l'abolition de l'esclavage en 1852 a été perçue comme un acte bénéfique pour les Noirs de la Colombie, les conséquences néfastes qui en découlent ne sont pas à ignorer au vue de leur gravité. L'abolition de l'esclavage a mis un terme à l'existence du Noir. On assiste à un processus ''d'invisibilisation'' (Friedemann, 1992) des Noirs qui "*se diluent à l'intérieur de la société globale et qui commencent à faire partie des secteurs marginaux, où l'on ignore les différenciations culturelles qui existent à l'intérieur des catégories socio-économiques''*. (Agudelo, 1999: 2). Ainsi, nous pouvons en déduire que les Noirs ont œuvré activement dans la sphère politique de la Colombie au XIXème siècle, comme nous le voyons par l'action de Juan José Nieto Gil, mais cette participation était sans distinctions particulières, d'où une invisibilisation de son apport.

Dans cette triste situation, il faut attendre 1991, pour prétendre parler de la création d'un nouveau sujet socio-politique et d'une identité ethnique noire. La constitution de 1991 est considérée comme une solution adéquate aux multiples problèmes dont sont victimes les Noirs en Colombie. C'est dans ce sens que Agudelo,(2002) la considère comme : la ''*Constitution de la consolidation de la décentralisation, de la reconnaissance de la multiculturalité nationale, de la "participation citoyenne" et de la conservation de l'environnement, Constitution de la paix''*. La dite Constitution fait de la Colombie un Etat

Multiethnique, dans lequel la préservation et le respect des multiples pratiques culturelles doit être à l'ordre du jour. La Colombie se doit donc de mettre en place de politiques et stratégies visant à respecter toutes les catégories sociales, surtout vis-à-vis des minorités ethniques noires.

C'est ce que nous pouvons comprendre à partir de son article 55 qui les reconnait comme une communauté ethnique dotée de droits territoriaux et culturels spécifiques. Il semble très important ici de présenter quelques insuffisances issues de la Constitution de 1993 qui en s'appuyant sur celle de 1991 ne retient dans sa définition des populations noires de la Côte Pacifique de la Colombie.

La Constitution Politique de 1993 et celle de 1995 en revanche sont plus ou moins inclusives et complémentaires. Dans la première, notamment par son article 70 l'Etat définie "*los derechos a la tierra para las comunidades ribereñas afrocolombianas de las áreas rurales en la región de la costa Pacífica y determinaba la influencia de los derechos culturales para las comunidades negras en Colombia como una totalidad.*" Donc, à partir de ces mots nous pouvons découvrir que l'Etat n'accorde des droits territoriaux qu'aux populations Noires de la

Côte du Pacifique colombien. La Constitution de 1993 en revanche donne un peu plus de précisions sur la loi 70 de 1991 en indiquant que les droits territoriaux et culturels faisant l'objet de cet article s'appliqueront "*également aux zones vides, rurales et riveraines qui ont été occupées par des communautés noires ayant des pratiques traditionnelles de production dans d'autres zones du pays*"(loi 70). Autrement dit, on va d'une définition du Noir à partir des spécificités des communautés de la zone du Pacifique pour avoir une idée générale sur toutes les communautés Afro de la Colombie entière. Cette priorité de reconnaissance accordée au Pacifique colombien est non ''seulement dans les textes, mais aussi dans les faits puisque les "autres" populations noires doivent présenter les mêmes caractéristiques que celles du Pacifique (condition quasi irréalisable étant donnée la situation très particulière des "terres vides" de la côte Pacifique)''(CUNIN ;2000 :4). Le Noir qui a donc longtemps été victime d'un ostracisme rude après l'abolition de l'esclavage comme nous le signale Nina S de Friedmann se trouve dorénavant dans une société multiculturelle officielle, donc hétérogène qui l'invite à exprimer tous ses traits culturels et identitaires. Lesdits traits culturels et identitaires se trouvent fortement liés aux zones qu'ils occupent du fait que ces dernières soient fortement reconnues et considérées comme des lieux ancestraux car leurs ancêtres, les déplacés de l'Afrique pour la Colombie au moment de la traite de Noirs y ont habités exprimant ainsi certaines manifestations culturelles africaines[4](huellas africanas). Ce sont les dénommés "*zonas baldías*[5] ". Si dans les textes, ces zones habitées par les populations noires sont reconnues par l'Etat comme las baldías, il n'en demeure pas moins que ces textes législatifs soient subvertis dans la vie réelle. Aujourd'hui,on assiste à un processus "*de des-territorialización de las comunidades negras que ocurre como resultado de una geografía de poder cambiante "[...] caracterizada por la desigualdad, la fragmentación, la tensión y el conflicto"* (Montañez y Delgado 1998:125).

Le Conflit armé dont est victime la Colombie n'est donc pas sans conséquences néfastes pour les communautés ethniques noires du fait du poids des déplacements forcés qui en découlent. Le conflit armé et les processus de déterritorialisation des populations qui surgissent lors des efforts de reconnaissance de la souveraineté des Noirs sur las baldías apparaissent comme une contre révolution ethnique, une forme de subversion dans la mise en exergue des législations acquises dans le domaine politique pour les organisations socio-ethniques. C'est dans ce sens que Escobar dénonce que *"el terror y los desplazamientos tienen por finalidad desbaratar los proyectos de las comunidades, quebrantar su resistencia y, probablemente, lograr incluso su exterminio"* (2004:52). Les déplacements forcés apportent donc ici une ambigüité sur la reconnaissance et le respect des Noirs comme groupe Ethnique. C'est en partageant la considération des déplacements forcés comme un processus de *"contra revolución étnica"* que nous souhaitons comprendre ce phénomène comme une nouvelle forme d'invisibilisation et d'extermination de l'identité ethnique noire. Comme nous l'avons signé plus haut, les déplacements forcés dont sont victimes les populations de la Colombie sont en grande partie le résultat de la violence qui fragilise ledit pays depuis de longues années. Pour mieux comprendre le phénomène des déplacements forcés internes des Noirs en Colombie il est nécessaire de faire un tour dans le passé et comprendre la période de *la violencia.*

2-La dénommée période la *violencia* en Colombie : perspective historique

L'objet de cette partie est de démontrer que la Colombie a été fragilisée par un conflit armé qui s'étend de 1946 à 1960. L'enjeu de cette démonstration est de mettre en exergue une analyse sur les origines de la violence dans ledit pays. Le problème qui se pose est que la Colombie est selon UNHCR, l'un des pays les plus touchés par le phénomène de déplacements forcés dans le monde. Ce phénomène frappe toutes les couches de la société[6], dont les communautés ethniques noires sont les plus touchées. La compréhension de ce phénomène passe nécessairement par une analyse historique de la violence.

La violence dont est victime la Colombie durant le XIXème trouve ses origines dans les tensions politiques engendrées par les deux parties politiques de l'époque : le Parti Liberal(PL) et le Parti Conservateur. Comme le signale le signale Pécaut, (2008), le phénomène de la violence en Colombie n'est pas récent car :

> *a lo largo del siglo XIX se pueden registrar en torno a una veintena de guerras regionales o nacionales entre los dos partidos hegemónicos del sistema político colombiano: el Partido Liberal y el Partido Conservador. La última de esas guerras, conocida como la Guerra de los Mil Días, transcurrió entre 1899 y 1902 causando la nada desdeñable cifra de 100.000 muertes (Citado en* Sierra, 2016:134).

Si pour plusieurs auteurs, la période de « *la vilencia* » commence en 1946 avec l'accession au pouvoir de Luis Mariano Ospina Pérez[8], il semble toutefois intéressant de faire un retour dans le passé pour mieux contextualiser cette période. La dénommé «*Guerra de los Mil Días*» est l'un des plus long conflit qui fragilise la Colombie tout au long de son histoire.

Il va du 17 octobre 1899 au 21 novembre 1902. Si on va de 1988 à 1902 nous nous rendons bien compte que ce conflit a duré plus de 1000 jours(près de 1130 en réalité) comme indique son nom.

Ce conflit oppose les deux partis traditionnels de l'époque : le Parti Libéral et le Parti Conservateur. Ce conflit avait comme toile de fond les revendications de la société caractérisées par les disputes agraires entre la paysannerie et les propriétaires fonciers.
Pendant que les libéraux prenaient fait et cause pour un développement économique basé sur le l'expansion agraire, les conservateurs en revanche se basaient sur La structure oligarchique de la société, héritée de la période coloniale. Ce radicalisme engendre des tensions au sein de la société et est à l'origine de multiples massacres, dont l'assassinat de Jorge-Eliécer Gaitan[1] ce qui déclenche donc une série des tensions en Colombie connue sous le nom de «*el periodo de la violencia* ». Cette grande violence causée par la mort de Jorge fut un complexe ''processus où se mêlèrent la terreur d'État, l'anarchie et l'insurrection paysanne dans une profonde remise en question des relations sociales et politiques'' (Sánchez Gonzalo & Donny(1983) cité par Mosquera Rosero-Labbé(2005)). Selon Sanchez et Donny, pendant que les paysans œuvrent

pour une politique de relance économique, laquelle passera se baserait essentiellement sur les réformes agraires, le Gouvernement de l'époque, constitue en grande. partie par les membres du Parti Conservateur n'accorde aucun crédit à ces réformes et fit déclenché un grand mouvement de violence contre tous leurs promoteurs : les paysans. Ce terrorisme soutenu par l'Etat conservateur ne constitue guère une solution adéquate pour faire reculer les mouvements des paysans. Ces derniers résistent à la dangerosité de ce terrorisme étatique en se mobilisant autour de « las guerrillas ». Le substantif « *guerrillas* » fait donc référence aux groupes armés constitués par *los campesinos* en vue de lutter contre la violence orchestrée par l'Etat terroriste. Ces *campesinos* regroupés autour de la *guerrillas* revendiquaient une réforme agraire et une répartition plus équitable de la terre. Pour mieux soutenir ces revendications, les *guérillas* se divisèrent en deux sous-groupes : les libéraux et les communistes. Les deux sous-groupes réunis autour d'un objectif générale comme cité par-dessus opta chacun pour un objectif spécifique. Si les libéraux orientent leurs efforts de combat vers l'anéantissement puis au renversement du Gouvernement conservateur, les communistes quant à eux soutiennent la révolution sociale. C'est dans ce sens que le groupe les Forces armées révolutionnaires de Colombie (FARC) vit le jour en Colombie.

Les FARC qui devient à partir de 1980 el «*Ejercito Popular*» (FARC-EP) sont considérés comme ''l'armée du peuple, constructeur de paix et de justice sociale qui lutte pour une distribution équitable des richesses et le respect de l'auto-détermination des peuples ; avec Bolivar pour la paix et la souveraineté nationale'' (FIDALGO 2010 cité dans Mélanie ;2010 :24).

Dans la même période, deux autres groupes se créent : l'Armée de Libération Nationale (ALN) en 1965 et l'Armée Populaire de libération (EPL) en 1967. La création des FARC servira donc de point de départ sur lequel se basent et se créent d'autres groupes et mouvements politiques d'insurrection. Le développement de las guérillas inquiètent les propriétaires terriens et les hommes d'affaires de telle sorte qu'on assiste à la naissance d'un nouveau type d'acteurs dans le conflit colombien : les paramilitaires. Le paramilitarisme ici surgit comme une armée de lutte contre les *guérillas* financée par les narcotrafiquants. On se retrouve ainsi dans un conflit opposant trois principaux acteurs : les paysans qui revendiquent une répartition équitable des terres (*las guérillas*) d'un côté, un gouvernement conservateur qui rejette les revendications de *los campesinos* de l'autre et un groupe *antiguerrillas* qui profite de l'instabilité sociale et politique causée par la violence pour s'emparer des terres sur lesquelles travaillent les paysans (Betancourt & Marta, 1991).

Si nous enregistrons trois acteurs dans ce processus conflictuel, il n'en demeure pas moins que certains auteurs à l'instar de Mélanie (2010) pense que ''La législation colombienne, en consolidant les principes de la Doctrine de la Sécurité Nationale, a permis à ces groupes armés de se constituer légalement''(26). En d'autres termes, il n y a en réalité que deux acteurs en conflit car l'Etat conservateur est en réalité le promoteur des groupes paramilitaires par le biais des entrepreneurs et narcotrafiquants. C'est d'ailleurs ce que prévoit ''le décret 3398 voté en 1965 et devenu la loi 48 en 1968 permet la création de groupes de civils armés pour des fins contre-insurrectionnelles, et ce sous l'égide de l'armée'' (Mélanie, 2010 :26). Il ya donc une étroite collaboration entre le gouvernement, les entrepreneurs et les narcotrafiquants visant à mettre fin aux mouvements de los *campesinos.*

L'Etat est donc incapable de mettre fin aux violences dans le pays et trouve nécessaire d'instrumentaliser son rôle social. Les groupes paramilitaires se développent de jour en jour et les pulpations les plus défavorisées, los *campesinos* ne sachant à quel saint se vouer continuent à en pâtir. Le pays enregistre beaucoup de mort et le phénomène des déplacements forcés internes des populations augmente de jour en jour. Les populations afro descendantes sont les plus vulnérables au phénomène du déplacement forcé interne en Colombie. Le Pacifique colombien qui a longtemps été considéré comme « *refugio de paz* » c'est transformé en un véritable mythe de Sisyphe entrainant ainsi la multiplication des massacres et des déplacements de population forcés qui y habitent : *los afrocolombianos* . En plus de la pauvreté et de la marginalisation, le Pacifique est aujourd'hui placé ''au centre de la cartographie des violences en Colombie'' (Agudelo, 2002 :40). Plus qu'un centre de violence en Colombie, le Pacifique est dorénavant vue comme un véritable territoire où ''*campean el genocidio, el etnocidio y todas las modalidades de la violencia*'' (Escobar, 2004) . Cette vision du Pacifique est celle qui a plus attiré notre attention car elle met un accent particulier sur les conséquences des déplacements forcés sur les peuples ethniques de la région, avec un fort encrage sur les fractures culturelles. Si le Pacifique Colombien est victime de la violence des groupes armés, la violence quant à elle est à l'origine des déplacements involontaires massifs des populations ethniques qui y vivent, dont les afrocolombiens. En partant des terres ancestrales, ces derniers sont victimes d'une modification presque totale de leurs traits culturelles, du fait qu'ils ne les pratiquent presque plus. Avant de montrer l'impact des déplacements forcés sur l'identité ethnique afro colombienne, en plus de la violence, il nous semble nécessaire de réalisation une causale du déplacement forcé des Noirs en nous basant sur une ethnico-raciale.

3- Déplacement fo é et fracture culturelle

Le déplacement forcé des Noirs de l'Afrique vers l'Europe, puis de l'Europe vers les Amériques n'a jamais été un bénéfice pour ces peuples. L'afrocolombien, de pare l'héritage de son descendant est un déplacé forcé. Partant de ce fait, le Noir reste victime de la marginalisation, de la discrimination et de la ségrégation issue de la vision coloniale.

Avec l'avenue des indépendances et la formation des sociétés en Amérique Latine en générale, en Colombie en particulier le Noir est toujours victime d'une négation presque totale de son identité, en raison de sa forte charge en traits africains. En Colombie, la construction d'un Etat républicain laisse voire la construction d'une identité nationale.

De ce fait, l'appartenance à la nation découle d'une même race, d'une même religion et d'une même langue. À cet égard, la Colombie a institutionnalisé un régime politique niant toutes les différences dans la société. La société doit donc être homogène et cela passe par une institutionnalisation démocratique et une tolérance des pratiques quotidiennes d'intolérance et d'exclusion des différences, tant physiques que culturelles et ethnico-raciales (Agudelo 1999 ;Escobar 2004). La compréhension de la conception de l'Etat vis-à-vis des communautés ethniques noires se base encore sur les discours de la colonialité du pouvoir. Compte tenu de ce qui précède, la reconnaissance de l'Etat vis-à-vis des afro descendants comme prévue par la Constitution de 1991 semble être ambigüe et difficile à comprendre. Rappelons que ladite Constitution déclare que le pays est pluriethnique et multiculturelle. À la lumière de ce qui est dit dans l'introduction de notre travail, cette déclaration sous-entend la mise en avant de l'ethnicité Noire, laquelle se trouve fortement reliée à *las tierras ancestrales*. Contrairement à la Constitution de 1886 qui ''occultait la diversité culturelle présente sur le territoire et misait davantage sur l'homogénéité du peuple colombien, défini comme étant métissé'' (Mélanie,2010:38), Celle de 1991 en revanche soutient la reconnaissance et le respect de l'ethnicité Noire. Mais, à côté de ces avancées significatives, se cachent d'autres phénomènes très graves dont les déplacements forcés internes. L'augmentation des déplacements forcés des afrodescendants de las *tierras ancestrales* vers les milieux urbains constitue un véritable processus d'appauvrissement et de nettoyage ethnique.

L'expression nettoyage ethnique renvoie à un processus de déracinement, par la violence, des populations minoritaires dans le but de créer des régions homogènes sur le plan ethnique. La définition du Nettoyage ethnique faite par J. Gow semble plus attirer notre attention dans le cadre de notre analyse de pare l'accent mis sur le critère de la violence.

Quand il définit le Nettoyage ethnique, il indique que la dite expression fait référence à ''la pratique du meurtre, de la terreur, de l'expulsion forcé des membres d'une autre communauté ethnique de régions ethniquement mixtes ou de zones stratégiques'' (Gow, 1994 :458). En reliant cette définition au phénomène de déplacement forcé dont sont victimes les Noirs en Colombie nous nous rendons bien compte que le véritable problème se situe au niveau de *las huellas de africanía* qui caractérisent les expressions culturelles des afrocolombiens, habitants et propriétaires de las baldias. Loin d'être une calamité naturelle ou encore une «simple » conséquence de la violence politique, le phénomène des déplacements forcés est donc vu comme une caractéristique du développement et de la modernité dont la dimension de transformation ethnique en constitue un fait réel à prendre au sérieux. En plus des multiples pertes en vie humaines, et de destruction environnementale, les déplacements forcés altèrent gravement les comportements culturels des afros qui en sont victimes.

Tout bien considéré, les déplacements forcés constituent une véritable cause de transformation culturelle et identitaire des afrodescendants qui se diluent dans un monde hybride qui ne les reconnait et ne les permet pas d'exprimer leurs manifestations culturelles rurales. A ce niveau, l'accent n'est plus mis sur les pertes en matériel causées par les déplacements involontaires, mais sur les fractures en manifestations culturelles impossibles de transporter en milieu intra urbain. La non utilisation de plantes en constitue un exemple.

En effet, géographiquement parlant, le Pacifique colombien est une zone couverte de près de 10 millions d'hectares de forêt tropicale, reconnue internationalement comme le bassin de la biodiversité dans le monde. Les peuples afrodescendants qui y vivent ont conservé leurs pratiques culturelles traditionnelles par le fait même qu'ils se servent des plantes de la forêt qui les entourent pour soigner les maladies dont ils sont victimes au quotidien. Autrement dit, l'usage de la médecine traditionnelle curative leur est désormais impossible. L'OMS définit la médecine traditionnelle comme:

> la somme des connaissances, compétences et pratiques qui reposent sur les théories, croyances et expériences propres à une culture et qui sont utilisées pour maintenir les êtres humains en bonne santé ainsi que pour prévenir, diagnostiquer, traiter et guérir des maladies physiques et mentales (2000).

Par cette définition, nous pouvons ainsi en déduire que la médecine traditionnelle fait partie du patrimoine matériel et culturel colombien en générale, et afrodescendant en particulier, dont la conservation et la protection doivent être un impératif pour le bien de l'humanité. Pourtant c'est ce que prévoit la constitution de 1991. L'usage de cette médecine permet à l'afrocolombien de pouvoir obtenir des symboles pour pouvoir connaitre le monde et pouvoir s'identifier dans la différence. Ladite médecine constitue un ensemble de connaissance exporté de l'Afrique par leurs descendants esclaves et qui se transmet de génération à génération.

Ceci dit, le contact de ces derniers avec le monde urbain du fait de la violence et les déplacements sous contraintes les éloigne de ses pratiques ancestrales, l'usage des plantes médicinales laisse place à l'utilisation curative de la médecine moderne, le médecin traditionnel laisse place au médecin moderne. Dans de telles circonstances, les afrocolombiens perdent leur vision d'appartenance ethnique noire dans la dynamique d'insertion sociale de la nation colombienne. Ils se diluent ainsi dans une société dans laquelle ils ne peuvent pas se définir avec leurs particularités et leurs spécificités qui les permettent de promouvoir leur identité culturelle noire. Autrement dit, on ne les reconnait pas comme *el otro*. Cette situation n'est pas sans conséquence sur la redéfinition de l'identité par le déplacé lui-même qui se pose la question de savoir qui il est réellement dans ce Nouveau Monde. A cela s'ajoute un processus d'insertion qui l'invite à abandonner presque toute ses pratiques pour pouvoir se faire accepter et éviter les préjugés.

En plus de ne plus faire usage curatif de plantes médicinales pour guérir les maladies tant mentales que physiques, la migration forcée des afrodescendants de las baldías vers les milieux urbains ne les permet plus de pratiquer les rites liés à la mort et au décès d'un membre de leur groupe ethnique.

En effet, chez les peuples afrodescendant la mort est perçue comme un départ vers le monde des ancêtres. Autrement dit, le décès n'est rien d'autre que la séparation du corps et l'âme. Pendant que le corps doit être enterré, l'âme en revanche doit voyager pour aller retrouver ses ancêtres. Tout ceci, pour dire que le défunt doit être accompagner par l'expression de certains rites, chants et louanges de vie pour faciliter pour son départ vers l'autre monde. Ceci fait penser à *lumbalú*, le rituel funéraire pratiqué dans *el Palenque de San Basilio.*

> Cuando muere un individuo, sus familias y amigos comienzan a llorar desesperadamente, lanzando unos gemidos especiales denominados *lecos* en su lengua criolla. Mientras lloran, les recuerdan a los difuntos las faltas cometidas en la vida o les ensalzan sus virtudes (Escalente,1989:4).

Par cette citation qui donne un aperçu sur la pratique du *lumbalú* chez les communautés afrodescendantes del Palenque, nous pouvons noter que les rites initiatiques liés à la mort visent deux objectifs principaux : faire accepter aux proches du défunt son départ pour l'éternité et faciliter l'arrivée, l'acceptation du défunt par ses ancêtres en dépit de certaines mauvaises actions qu'il aurait menées dans sa vie réelle. La pratique de ces rites constitue un véritable moyen d'expression des traits culturels africains, lesquels se manifeste par les danses, les chants, les cris et bien d'autres. C'est le moment idéal pour se retrouver et garder la solidarité tout en transmettant ces valeurs africaines aux plus jeunes. Notons ici que les rites liés au décès et à la mort à l'instar de *lumbalú*, sont formés à partir d'un syncrétisme religieux liant deux cultures différentes : La culture européenne et la culture africaine. Selon les africains il existe un Dieu suprême connu que certains peuples africains tel que les *massangos*[12]identifient sous le terme *Nzambi* créateur de l'homme et de la nature. Cette conception de l'existance de Nzambi est également présente en Amérique Latine, donc en Colombie en générale et dans les zones habitées par les descendants des esclaves Noirs en Particulier. Et ce, en dépit du syncrétisme religieux avec les divinités de l'Eglise. Ainsi lors de la célébration des rituelles liés aux funérailles, ''*El manejo de las deidades nombrados por los palanqueros cuando sus canticos funerarios les permite sacar algunas conclusiones: se invoca a Zambi Dios supremo*'' (Escalente,1989:3). Cette déclaration nous permet de noter combien de fois l'usage de la *criolla* au moment des funérailles rappelle à l'afrodescendant l'origine de son existence. Autrement dit, certains mots le permettent de revisiter son histoire et ses origines culturelles africaines.

Ces pratiques culturelles du fait qu'elles trouvent leurs origines en Afrique, nous permette de signaler ici que d'un point de vue purement anthropologique, la culture et l'identité culturelle d'une minorité ethnique s'inscrivent pleinement dans le corps et dans le lieu. Dans ce sens, la construction de l'identité culturelle du Pacifique colombien et bien d'autres zones du pays sont le fruit de pratiques historiques. En parlant de l'afro descendant dans le pacifique de la Colombie nous faisons directement référence aux grandes luttes de résistance menées par leurs ancêtres déplacés de l'Afrique du fait de l'esclavage forcé dont ils ont été victimes toute la vie. Ceci dit, l'identité afrocolombienne est strictement locale.

Relativement aux rites liés à la mort et au décès que nous venons à peine de présenter, le milieu urbain dans lequel vivent désormais les afro descendants ne les permet plus d'en pratiquer. Le *lumbalú* est désormais une pratique culturelle interdite. Ainsi, À Bogotá, ''les familles doivent recourir aux services des pompes funèbres, où le mort ne reste que quelques heures, les familles devant se retirer à 22 heures lors de la fermeture des chapelles funéraires'',ce qui choque certaines femmes (Mosquera , 2005: 21). Selon la conception de la mort chez les afrodescendants comme nous l'avons démontré, cette pratique de la mort est totalement injuste et anormale car le mort ne repose pas en paix et sa connexion avec le monde spirituelle n'est pas facilitée du fait du manque de chant, danses et bien d'autres manifestations. L'usage de ces pratiques culturelles à Bogotá est carrément interdit et puni par la loi urbaine. Certains afrocolombiens qui ont tenté l'expression de ces pratiques culturelles en milieux urbains ont été traités de ''sauvages par les voisins et stigmatisés par les médias de la capitale, jetés en prison pour quelques heures sous l'inculpation de troubles de l'ordre public et non-respect de la culture citoyenne en vigueur à Bogotá'' (Mosquera , 2005 :21).

Quand on sait que la Colombie est défini comme un Etat pluriethnique par rapport aux législations prisent vis-à-vis des commutés ethniques grâce à l'adoption de la Constitution de 1991, comment comprendre que l'afrocolombien soit encore victime de telles discriminations ? De surcroit, dans son article 7 il est dit que "L'État reconnaît et protège la diversité ethnique et culturelle de la Nation colombienne". Parallèlement l'article 13 déclare que: "Toutes les personnes naissent libres et égales face à la loi, recevront la même protection et le même traitement de la part des autorités et jouiront des mêmes droits, libertés et opportunités sans aucune discrimination en raison de leur sexe, race, origine nationale ou familiale, langue, religion, opinion politique ou philosophique." Pour nous, de telles stigmatisations sont injustes et peuvent être vues comme une contre révolution ethnique. Une pratique de négation et de subversion des droits des peuples afrocolombiens acquis par la Constitution citée par-dessus. La pratique d'un rituel afrocolombien ne doit donc pas être vue comme un trouble à l'ordre public, encore moins comme un non-respect de la citoyenneté en vigueur. Elle peut sembler nuisible pour les voisins, en revanche cela peut être vu comme une nécessité de pouvoir montrer leur différence et mettre en exergue la valeur de leur lieu d'origine. Ils ont donc le droit de pratiquer leurs culturelles car elles font partie des culture du pays, plus ils les expriment, plus ils se feront accepter et respecter en tant que citoyens avec leur différences. C'est ce que nous explique Nelly quand il dit que :

> Pour qu'ils voient ce que nous avons, car quand un Afro-colombien arrive, on l'accuse de tous les maux de la terre. Nous essayons d'effacer les aspects négatifs dont nous affublons les non-Afros pour qu'ils nous voient tels que nous sommes et que nous avons les mêmes droits et sommes leurs égaux en tant que personnes (une afrocolombienne de 38 ans cité dans Mosquera 2005).

Si à chaque fois qu'un Noir tente de s'affirmer dans la société urbaine en mettant en évidence ses traits et pratiques culturelles, il est considéré comme une menace pour la société, alors les déplacements forcés dont il a été victime doivent être vus comme une tentative d'extermination et d'effacement de son identité. On sait bien que l'expression des afrodescendants dans le pays comme un groupe ethnique est le fruit d'un grand processus de construction historique. L'impossibilité de mettre en évidence leur identité culture constitue dans ce sens un véritable nettoyage et génocide ethnique car c'est mettre fin à leur existence en tant que groupe ethnique.

Conclusion

Quoi qu'il en soit, le phénomène de la violence qui fragilise la Colombie durant des années constitue un véritable mythe de Sisyphe pour tous les habitants en général, mais surtout pour les populations afrodescendantes en particulier. Dans ce travail, l'analyse de ce phénomène nous a permis de comprendre l'origine de multiples massacres et déplacements forcés contemporains dont sont victimes les afrocolombiens habitant la zone du Pacifique. On peut donc tisser un lien de causalité entre la période dénommée *la Violence,* et le déplacement forcé contemporain intra urbain. Nous avons également essayé de démontrer que les déplacements forcés constituent un phénomène aux conséquences très néfastes pour l'identité culturelle afrocolombienne. Ceci dit, ses expressions culturelles, ses formes de transmissions culturelles, ses valeurs sociales et culturelles sont gravement impactés par les déplacements forcés. Dans cette perspective, nous avons pu comprendre que les déplacements forcés sont orchestrés par l'Etat colombien et que le nettoyage, l'effacement, le génocide d'une identité ethnique noire serait le but ultime poursuivi par l'Etat dans son projet de la création d'une identité nationale.

Travaux cités

Agudelo, C. E. (1999). Participation politique des populations noires en Colombie. *Cahiers des Amériques Latines* .

Betancourt, D., & Marta. (1991). *Matones y cuadrilleros.* Bogota: Trcer Mundo.

Castillo. (2004). Pourcentage du déplacement forcé entre 1995 et 2003. *Spatial analysis ofdisplaced persons in Colombia,* .

Escalente, A. (1989). Signnificado del Lumbalo, ritual funerario del Palenque de San Basilio. *Huellas* .

Escobar. (2010). *Latin America at a crossroads: alternative modernizations, postliberalism or postdevelopment?*

Escobar, A. (2004). Desplazamientos, desarrollo y modernidad en el Pacífico colombiano. Dans E. Restrepo, & A. Rojas, *Conflicto e (in)visibilidad Retos en los estudios de la gentennegra en Colombia* (pp. 36-53). Colombia.

Escobar, A. (2004). Desplazamientos, desarrollo y modernidad en el Pacífico colombiano. En E. Restrepo, A. Rojas, & F. G. Quintero (Ed.), *Conflicto e (in)visibilidad.Retos en los estudios de la gente negra en Colombia.* Universidad del Cauca.

Fortin, & Gagnon. (2010). *Fondements et étapes du processus de recherche. Méthodes quantitatives et qualitatives.* Chenelière Éducation.

Jaramillo, O. L. (2005, Novembre 5). Un nuevo enfoque para abordar el desplazamiento forzado en Colombia. *Revista del Departamento de Trabajo Social, Facultad de Ciencias Humanas* , 21-32.

Makay, B. (2009). *Le Déplacement Forcé En Colombie: Une Analyse Causale.* Mémoire De Maîtrise En Science Politique, Université du Québec À Montréal, Service des bibliothèques.

Montañez, G., & Delgado, O. (1998). Espacio, territorio y región: conceptos básicos para un proyecto nacional. *Cuadernos de Geografía 7* , 120-134.

Mosquera, C. (2005). Souffrir du déplacement forcé pour connaître ses droits. Impact du conflit armé interne sur les Afro-colombiennes. *Ethnologies* .

Printed by Books on Demand GmbH, Norderstedt / Germany